P9-DZP-001

EDITORIAL
UNILIT

HONOR
BOOKS

El librito de instrucciones de Dios para las madres

Una colección de citas simples, graciosas y de gran inspiración, que servirán de refrigerio en medio de las ocupaciones diarias.

Disponible en inglés en Access Sales International (ASI)
2448 E. 81st Street, Ste. 4705, Tulsa, OK 74137 USA.

Publicado por Editorial **Unilit**
Miami, Fl. 33172
©) 1998 Derechos reservados
Primera edición 1998

Publicado en inglés con el título: *God's Little Instruction Book for Mom*
©) 1994 por Honor Books, Inc. Tulsa, Oklahoma 74155
Se necesita permiso escrito de los editores, para la reproducción de porciones del libro,
excepto para citas breves en artículos de análisis crítico.

Traducido al español por: Gabriel Prada

Citas bíblicas tomadas de: Santa Biblia, revisión 1960 © Sociedades Bíblicas Unidas
Biblia de las Américas © 1986 The Lockman Foundation
La Biblia al Día © 1979 Living Bibles Int.
Usadas con permiso.

Producto 498349
ISBN 0-7899-0544-2
Impreso en Colombia
Printed in Colombia

INTRODUCCIÓN

El librito de instrucciones de Dios para las madres, es una colección inspiracional de citas y porciones bíblicas que te motivarán a vivir una vida productiva, feliz y llena de significado, mientras que enfrentas con gozo y amor el reto de ser mamá.

Algunos libros contienen citas y otros contienen pasajes bíblicos, pero nosotros hemos combinado ambos. Esto lo hemos hecho con el propósito de proveer no solamente intuición humana, sino también la sabiduría divina respecto a uno de los oficios de mayor reto en la vida —ser madre. Este pequeño libro te hará reflexionar detenidamente sobre el tema de la maternidad, pero también te hará reír. Algunas de las citas son muy conocidas y otras no, sin embargo, cada cita está acompañada de una porción bíblica que nos revela lo que la Palabra de Dios tiene que decir respecto al tema.

En la última sección del libro encontrarás una colección de citas cómicas y muy divertidas, las cuales aliviarán un poco tu carga, al darte una buena dosis de la "mejor medicina" –¡la risa!

Este encantador libro es básico, práctico y lleno de la sabiduría eterna de la Biblia, y cubre temas con los cuales se pueden identificar todas las madres alrededor del mundo. *El librito de instrucciones de Dios para las madres* es un bienvenido descanso al agitado andar del diario vivir. Esperamos que disfruten y atesoren este libro tanto como lo disfrutamos nosotros.

Las madres son como las colecciones finas
-al pasar los años aumentan de valor.

Y cuando tu madre envejeciere, no la menosprecies.
Proverbios 23:22 RV60

Entrena a tu hijo en el camino por el cual sabes que tú mismo debiste haber ido.

C.H. Spurgeon

Te haré entender, y te enseñaré el camino en que debes andar; sobre ti fijaré mis ojos.

Salmo 32:8 RV60

Como madre, mi tarea es cuidar de lo que es posible, y confiar a Dios las cosas imposibles.
Ruth Bell Graham

En ti confiarán los que conocen tu nombre, por cuanto tú, oh Jehová, no desamparaste a los que te buscaron.

Salmo 9:10 RV60

Cuando la Madre Teresa recibió el Premio Nobel, alguien le preguntó: "¿Qué podemos hacer para promover la paz mundial?" Ella respondió: "Regresen a sus hogares y amen a su familia".

Nunca se aparten de ti la misericordia y la verdad; átalas a tu cuello, escríbelas en la tabla de tu corazón.

Proverbios 3:3 RV60

No edificaste grandes catedrales, de las que
reciben alabanza a través de los siglos, mas con
exquisita gracia tu vida ha sido catedral de Dios.
Thomas Fessenden

*Porque vosotros sois el templo del Dios viviente,
como Dios dijo: Habitaré y andaré entre ellos.*
2 Corintios 6:16 RV60

Donde los padres hacen demasiado por sus hijos, los hijos no harán mucho por sí mismos.
Elbert Hubbard

El alma del perezoso desea, y nada alcanza; mas el alma de los diligentes será prosperada.

Proverbios 13:4 RV60

$\mathbb{S}$i nosotros como padres estamos demasiados
ocupados para escuchar a nuestros hijos,
¿cómo podrán ellos entender entonces
a un Dios que escucha?
V. Gilbert Beers

Oirá el sabio...
Proverbios 1:5 RV60

Nunca, nunca, seas demasiado orgulloso para decir "lo siento" a tus hijos, cuando hayas cometido un error.

Confesaos vuestras ofensas unos a otros, y orad unos por otros, para que seáis sanados.

Santiago 5:16 RV60

Llegará el momento en que tendrás que explicarle
a tus hijos por qué nacieron, y será algo
maravilloso si conoces la razón.
Hazel Scott

*Yo (Dios) te conocí antes que fueras formado en el vientre
de tu madre; antes que nacieras te santifiqué y te elegí...*
Jeremías 1:5 LBAD

Si un niño crece en un ambiente donde se practica la aprobación, aprenderá a aceptarse a sí mismo.

Dorothy Law Nolte

Por tanto, recibíos los unos a los otros, como también Cristo nos recibió, para gloria de Dios.

Romanos 15:7 RV60

El pináculo más alto en la vida espiritual no es el gozo que irradia como la eterna luz del sol, sino la absoluta e indudable confianza en el amor de Dios.

A.W. Thorold

Porque todo lo que es nacido de Dios vence al mundo; y esta es la victoria que ha vencido al mundo, nuestra fe.

I Juan 5:4 RV60

Ser madre es quizás la tarea más difícil sobre
la tierra, y sin embargo, ninguna mujer digna
de ser llamada madre y que se haya entregado
completamente a favor de su hijo, podría negar
que después de todo, cosechó lo que sembró.

Henry Ward Beecher

*No nos cansemos, pues, de hacer bien; porque a su
tiempo segaremos, si no desmayamos.*

Gálatas 6:9 RV60

El simple hecho de tener hijos no hace a las madres.
John A. Shedd

*Que enseñen a las mujeres jóvenes a amar ...
a sus hijos, a ser prudentes.*
Tito 2:4 RV60

En cierta ocasión una madre le preguntó a un clérigo cuándo debería comenzar a educar a su hijo. "Señora", le respondió, "su oportunidad comienza desde que la primera sonrisa se vislumbra en el rostro del infante.

Whately

Instruye al niño en su camino, y aun cuando fuere viejo no se apartara de él.

Proverbios 22:6 RV60

Amar a un niño es un negocio redondo... mientras más das, más recibes, y mientras más recibes, más das.

Penelope Leach

Dad, y se os dará ... porque con la misma medida con que medís, os volverán a medir.

Lucas 6:38 RV60

Si deseas que tu hijo acepte tus valores cuando llegue a los años de la adolescencia, debes ganarte su respeto durante los años de su niñez.

James Dobson

...sino por daros nosotros mismos un ejemplo para que nos imitaseis.

2 Tesalonicenses 3:9 RV60

Las mujeres no deberían tener hijos
después de los treinta y cinco.
Treinta y cinco hijos es suficiente.
Autor desconocido

Bienaventurado el hombre que llenó su aljaba de ellos...
Salmos 127:5 RV60

Cuando damos ejemplo de honestidad, nuestros hijos serán honestos. Cuando los rodeamos de amor, ellos serán amorosos. Cuando practicamos la tolerancia, ellos serán tolerantes. Cuando nos enfrentamos a la vida con una sonrisa y ojos risueños, ellos desarrollarán sentido del humor.

Wilfred A. Peterson

...sé ejemplo de los creyentes en palabra, conducta, amor, espíritu, fe, y pureza.

I Timoteo 4:12 RV60

Una niñez feliz es uno de los mejores regalos
que todo padre tiene el poder de otorgar.
Mary Cholmondeley

*No te niegues a hacer el bien a quien es debido,
cuando tuvieres poder para hacerlo.*
Proverbios 3:27 RV60

Vale la pena jactarse del árbol genealógico,
sólo cuando éste ha producido buena madera
de construcción, y no solamente nueces.
Glen Wheeler

*De más estima es el buen nombre que
las muchas riquezas...*
Proverbios 22:1 RV60

En todo el mundo solamente hay un niño hermoso, y cada madre lo tiene.

Proverbio Inglés

Todo lo hizo hermoso en su tiempo...
Eclesiastés 3:11 RV60

El amor de una madre es como el amor de Dios;
él nos ama no porque somos amables, sino
porque amar es parte de su naturaleza,
y porque somos sus hijos.

Earl Riney

*En esto consiste el amor; no en que nosotros hayamos amado a Dios,
sino en que él nos amó a nosotros, y envió a su Hijo en propiciación
por nuestros pecados. Amados, si Dios nos ha amado debemos
también nosotros amarnos unos a otros.*

I Juan 4:10,11 RV60

Así es como los niños escriben "amor":
T-I-E-M-P-O.
Doctor Anthony P. Witham

Sean sabios, no ignorantes; aprovechen bien el tiempo...
Efesios 5:15,16 LBAD

En el desempeño del arte de la crianza
de los hijos, una onza de ejemplo vale
más que una tonelada de predicación.

Wilferd A. Peterson

*Así alumbre vuestra luz delante de los hombres, para que
vean vuestras buenas obras, y glorifiquen a vuestro
Padre que está en los cielos.*

Mateo 5:16 RV60

Los niños son los apóstoles de Dios,
enviados día tras día a predicar del amor,
la esperanza y la paz.
Lowell

He aquí, herencia de Jehová son los hijos.
Salmo 127:3a RV60

Si queremos que nuestros hijos sean bondadosos, agradecidos y agradables, estas son cualidades que debemos enseñarles –no sólo anhelarlas.

James Dobson

Porque el mandamiento es lámpara, y la enseñanza es luz,
y camino de vida las reprensiones que te instruyen.

Proverbios 6:23 RV60

A un niño se le alimenta con leche y elogios.

Mary Lamb

Ninguna palabra corrompida salga de vuestra boca,
sino la que sea buena para la sabia edificación,
a fin de dar gracia a los oyentes.

Efesios 4:29 RV60

Una madre no es orgullosa ni engreída, porque ella sabe muy bien que en cualquier momento el director de la escuela la puede llamar para informarle que su hijo acaba de manejar una motocicleta a través de una de las paredes del gimnasio.

Mary Kay Blakely

No te jactes del día de mañana, porque no sabes qué traerá el día.
Proverbios 27:1 BLA

U n hogar es aquel lugar donde
los grandes son pequeños,
y los pequeños son grandes.
Glen Wheeler

*Pero muchos primeros serán últimos,
y los últimos, primeros.*

Mateo 19:30 BLA

Nunca podrás lograr una posición más alta que cuando estás de rodillas.

Jean Hodges

Humillaos en la presencia del Señor y Él os exaltará.
Santiago 4:10 BLA

Cuando el hogar es dirigido por la Palabra de
Dios, se le puede pedir a los ángeles que
permanezcan con nosotros, y nunca se
sentirán fuera de su ambiente.

Charles H. Spurgeon

Meditaré en tus preceptos, y consideraré tus caminos.
Me deleitaré en tus estatutos, y no olvidaré tus palabras.

Salmos 119:15,16 BLA

El mejor regalo que le puedes dar a tus hijos
después de los buenos hábitos,
son los buenos recuerdos.
Sydney J. Harris

La memoria del justo es bendita...
Proverbios 10:7 BLA

A través de los siglos, ninguna nación ha tenido un mejor aliado, como lo es la madre que le enseña a su hijo cómo orar.
Glen Wheeler

Perseverad en la oración, velando en ella con acción de gracias.
Colosenses 4:2 BLA

Entrega todos tus problemas a Dios; de todas maneras, él va a permanecer despierto toda la noche.

Autor desconocido

No permitirá que tu pie resbale;
no se adormecerá el que te guarda.

Salmo 121:3 BLA

Debemos aprovechar toda oportunidad
para dar ánimo. El ánimo es
oxígeno para el alma.
George M. Adams

El hombre se alegra con la respuesta adecuada,
y una palabra a tiempo, ¡cuán agradable es!

Proverbios 15:23 BLA

Sabes que tus hijos están creciendo cuando
comienzan a hacer preguntas
que tienen respuestas.
John J. Plomb

*Cuando yo era niño, hablaba como niño, pensaba como niño,
razonaba como niño; pero cuando llegué a ser hombre,
dejé las cosas de niño.*

I Corintios 13:11 BLA

Sı deseas tener un bebé, debes procurar
tener uno nuevo; no trates como
un bebé a tu hijo mayor.
Jessamyn West

Corrige a tu hijo mientras hay esperanza,
pero no desee tu alma causarle la muerte.
Proverbios 19:18 BLA

Nunca te desesperes por causa de un hijo.
Aquel por el cual lloras ante el trono de
misericordia, puede ser el que inunda
tu corazón de dulce gozo.

T.L. Cuyler

*El que con lágrimas anda, llevando la semilla de la siembra
en verdad volverá con gritos de alegría...*

Salmo 126:6 BLA

Todo lo que soy o anhelo ser, se lo debo a mi madre.

Abraham Lincoln

Escucha el consejo y acepta la corrección,
para que seas sabio el resto de tus días.

Proverbios 19:20 BLA

La mejor academia:las rodillas de mamá.
James Russell Lowell

*Corrige a tu hijo y te dará descanso,
y dará alegría a tu alma.*
Proverbios 29:17 BLA

Madre significa, devoción desinteresada, sacrificio sin límite y amor que sobrepasa todo entendimiento.

Autor desconocido

Nadie tiene un amor mayor que éste: que uno dé su vida por sus amigos.

Juan 15:13 BLA

Puedes dar sin amar,
pero no puedes amar sin dar.
Glen Wheeler

Porque de tal manera amó Dios al mundo, que dio a su Hijo unigénito, para que todo aquel que cree en El, no se pierda, mas tenga vida eterna.

Juan 3:16 BLA

U na madre es aquella persona que al percatarse
de que sólo hay cuatro pedazos de pastel para
cinco personas, al instante comenta que
nunca le ha gustado el pastel.

Autor desconocido

Más bienaventurado es dar que recibir.

Hechos 20:35 BLA

*¡ Qué es un hogar sin una Biblia? Es un hogar
donde se provee el pan para el cuerpo,
pero el alma nunca es alimentada.*

Charles Meigs

Hijo mío, presta atención a mis palabras, inclina tu oído a mis razones; que no se aparten de tus ojos, guárdalas en medio de tu corazón. Porque son vida para los que la hallan, y salud para todo su cuerpo.

Proverbios 4:20-22 BLA

Una chaqueta desgarrada pronto puede ser
remendada; pero las palabras fuertes
hieren el corazón de un niño.
Henry Wadsworth Longfellow

*...según la autoridad que el Señor me dio para edificar
y no para destruir.*
2 Corintios 13:10BLA

U na madre no es una persona sobre quien
uno puede recostarse, sino una persona
que hace innecesario el recostarse.
Dorothy Canfield Fisher

*Por tanto el hombre dejará a su padre y a su **madre**
y se unirá a su mujer, y serán una sola carne.*
Génesis 2:24 BLA

De todos los derechos que tienen las mujeres, el mayor de estos es el de ser madre.

Lin Yutang

*Sus hijos se levantan y la llaman bienaventurada,
también su marido, y la alaba.*

Proverbios 31:28 BLA

A los niños no se les escapa nada al clasificar a sus padres. Si solamente estás convencido a medias respecto a tus creencias, ellos podrán discernir este hecho con bastante rapidez.

James Dobson

Mantengamos firme la profesión de nuestra esperanza sin vacilar...

Hebreos 10:23 BLA

Una manera infalible de lograr que tu hijo
sea un desdichado es al procurar satisfacer
todas sus demandas.
Henry Home

*La vara y la represión dan sabiduría, pero el niño
consentido avergüenza a su madre.*

Proverbios 29:15 BLA

Querida mamá: Tú sabes muy bien que nada podrá cambiar jamás lo que siempre hemos sido y significado el uno para el otro.

Franklin Roosevelt

Sus hijos se levantan y la llaman bienaventurada...
Proverbios 31:28 BLA

Los bebes son una manera tan simpática de comenzar las personas.
Don Herold

... y ella concibió... y dijo: He adquirido varón
con la ayuda del Señor.

Génesis 4:1 BLA

Cuando llego al punto donde
ya no puedo más, allí se
encuentra Dios y toma el control.

Porque El mismo ha dicho:
Nunca te dejaré ni te desampararé.
Hebreos 13:5 BLA

Una madre comprende lo que su hijo no dice.

Proverbio judío

...sírvele de todo corazón y con ánimo dispuesto; porque el Señor escudriña todos los corazones, y entiende todo intento de los pensamientos.

I Crónicas 28:9 BLA

Los niños son imitadores por naturaleza
–actúan como sus padres a pesar de todo intento
por enseñarles buenos modales.

Anónimo

Amado, no imites lo malo, sino lo bueno.
3 Juan 11:a BLA

El Señor puede lograr grandes cosas por medio de aquellos a quienes no les importa quién recibe el crédito.

Helen Pearson

El orgullo del hombre lo humillará, pero el de espíritu humilde obtendrá honores.

Proverbios 29:23 BLA

La mamá de un pequeño le dijo en cierta ocasión que Dios es quien hace que las personas sean buenas. El niño la miró y respondió: "Sí, yo sé que es Dios, pero las mamás también ayudan mucho".

Glen Wheeler

...no abandones la enseñanza de tu madre.

Proverbios 1:8 BLA

Lo que el sol significa para las flores, así mismo
son las sonrisas para la humanidad. Aunque
indudablemente se les resta importancia, pero
al ser esparcidas por los senderos de la vida,
el bien que se logra es inconcebible.

Joseph Addison

El corazón gozoso alegra el rostro...
Proverbios 15:13 BLA

$\mathbb{A}$ **menudo me he lamentado por haber hablado; pero nunca por haberme mantenido en silencio.**

Syrus

En las muchas palabras, la transgresión es inevitable, mas el que refrena sus labios es prudente.

Proverbios 10:19 BLA

Es muy probable que los hijos lleguen
a ser lo que pensaste de ellos.
Lady Bird Johnson

Pues como piensa dentro de sí, así es...
Proverbios 23:7 BLA

Los hijos son las manos de las cuales nos aferramos al cielo.
Henry Ward Beecher

*En verdad os digo: el que no recibe el reino
de Dios como un niño, no entrará en él.*
Lucas 18:17 BLA

Las personas más difíciles de convencer
de que están en la edad del retiro,
son los niños a la hora de acostarse.
Shannon Fife

*Corrige a tu hijo y te dará descanso,
y dará alegría a tu alma.*
Proverbios 29:17 BLA

Muchos padres se han dado cuenta de que
una palmada en la espalda ayuda en el desarrollo
del carácter -especialmente si se administra
a menudo, a tiempo, y bastante abajo.
Glen Wheeler

*El que escatima la vara odia a su hijo, mas el que
lo ama lo disciplina con diligencia.*
Proverbios 13:24 BLA

"Puedo perdonar, pero no puedo olvidar", es simplemente otra manera de decir "No voy a perdonar". Perdonar debería ser como un pagaré cancelado –se rompe en dos pedazos y se quema, de tal manera que no se pueda usar otra vez en contra de nadie.

Henry Ward Beecher

Sed más bien amables unos con otros, misericordiosos, perdonándoos unos a otros, así como también Dios os perdonó en Cristo.

Efesios 4:32 BLA

Ser madre a tiempo completo es uno de
los trabajos mejores pagados en mi campo,
debido a que la paga es amor puro.

Mildred B. Vermont

Pues todo lo que el hombre siembre, eso también segará.

Gálatas 6:7

La maternidad es una asociación con Dios.

Autor desconocido

Por este niño oraba, y el Señor me ha concedido la petición que le hice. Por lo cual también lo he dedicado al Señor; mientras viva, estará dedicado al Señor.

I Samuel 1:27-28 BLA

Los niños necesitan amor, especialmente cuando no merecen ser amados.

Harold S. Hulbert

*Sed misericordiosos, así como vuestro
Padre es misericordioso.*

Lucas 6:36 BLA

La abundancia de amor no es lo que convierte a los hijos en mimados consentidos. Esto ocurre cuando sustituimos la "presencia" por los "regalos".

Doctor Anthony P. Witham

Tan grande fue nuestro amor, tanto los queríamos a ustedes, que con gusto les habríamos dado no sólo el evangelio sino nuestras propias vidas.

I Tesalonicenses 2:8 LBAD

El hombre trabaja desde el amanecer
hasta el atardecer, pero el trabajo de
la mujer nunca deja de ser.
Anónimo

No se apaga de noche su lámpara.
Proverbios 31:18 BLA

La preocupación es como una mecedora:
Te da algo en qué ocuparte, pero
te lleva a ningún lado.

Anónimo

*Echando toda vuestra ansiedad (toda preocupación,
toda inquietud, de una vez por todas) sobre El, porque
El tiene cuidado de vosotros.*

I Pedro 5:7 BLA

Si tú mismo no tienes una vida de oración,
sería un gesto algo inservible de tu parte,
hacer que tu hijo diga sus oraciones
al acostarse.

Peter Marshall

Orad sin cesar.
I Tesalonicenses 5:17 BLA

El gran problema con la limpieza de la casa es que de todos modos al próximo día está sucia otra vez, así que de ser necesario, pasa por alto la limpieza por una semana; los niños siempre son lo más importante.

Barbara Bush

He aquí, don del Señor son los hijos; y recompensa es el fruto del vientre.

Salmos 127:3 BLA

Si hay algo que deseamos cambiar en el niño,
primero debemos examinarlo bien para
ver si es algo que podríamos cambiar
mejor en nosotros mismos.

C.G. Jung

*Saca primero la viga de tu ojo y entonces verás con claridad
para sacar la mota que esta en el ojo de tu hermano.*

Lucas 6:42c BLA

Recuerdo las oraciones de mi madre,
y éstas siempre me han seguido;
han permanecido conmigo toda mi vida.

Abraham Lincoln

*Por este niño oraba, y el Señor me ha concedido
la petición que le hice.*

I Samuel 1:27 BLA

No vale la pena preocuparse por un problema por el cual no vale la pena orar.

Glen Wheeler

Por nada estéis afanosos; antes bien, en todo, mediante oración y súplica con acción de gracias, sean dadas a conocer vuestras peticiones delante de Dios.

Filipenses 4:6 BLA

Cualquier niño puede aprender cómo
adorar a Dios, si es que vive a diario
con adultos que le adoran.
Anna B. Mow

El que anda con sabios será sabio...
Proverbios 13:20 BLA

Mira a tu alrededor y te dolerás,
mira dentro de ti y te deprimirás,
mira a Jesús y descansarás

Anónimo

Puestos los ojos en Jesús, el autor y consumador de la fe...
Hebreos 12:2 BLA

El amor de madre es paciente y perdonador
–cuando todos los demás te desamparan–
y nunca falta o desfallece, aunque en
el corazón haya quebranto.
Helen Steiner Rice

El amor es paciente, es bondadoso; el amor no tiene envidia;
el amor no es jactancioso. El amor nunca deja de ser.
I Corintios 13:4,8a BLA

Lograr que los niños sean parte de un equipo familiar es de vital importancia, ya que afectará la manera en que éstos se relacionen como adultos.

Doctor William Mitchell y Doctor Charles Paul Conn

Mirad cuán bueno y cuán agradable es que los hermanos habiten juntos en armonía.

Salmo 133:1 BLA

No hay amor más grande que el amor
que te sostiene, cuando parece no
haber nada de qué sostenerse.
G.W.C. Thomas

*El amor nunca deja de ser -nunca se desvanece o se
hace obsoleto o llega a su fin.*
I Corintios 13:8a

C**ada mamá es como Moisés. Ella no entra
a la tierra prometida, sino que prepara
un mundo el cual nunca podrá ver.**

Papa Pablo VI

*Entonces le dijo el Señor: Esta es la tierra que juré dar
a Abraham, Isaac y a Jacob... Te he permitido verla
con tus ojos, pero no pasarás a ella.*

Deuteronomio 34:4 BLA

Dios nos da hijos por otras razones aparte de mantener la raza; ensanchar nuestros corazones para que no seamos egoístas, y para que practiquemos a plenitud los sentimientos de bondad y afecto.

Mary Howitt

Hijos, no amemos de palabra ni de lengua, sino de hecho y en verdad.

I Juan 3:18 BLA

Cada madre goza del imponente privilegio
de colaborar junto con Dios en la creación
de una nueva vida. Ella contribuye en traer
a la existencia un alma que perdure
por toda la eternidad.

James Keller

*Porque tú formaste mis entrañas
me hiciste en el seno de mi madre.*

Salmos 139:13 BLA

Debemos tener paciencia con nuestros
hijos, de la misma manera que Dios
es paciente con nosotros.
Renee Jordan

La discreción del hombre le hace lento para la ira,
y su gloria es pasar por alto una ofensa.
Proverbios 19:11 BLA

Un niño es un regalo cuyo valor no se puede medir, excepto por el corazón.

Theresa Ann Hunt

He aquí, don del Señor son los hijos;
y recompensa es el fruto del vientre.

Salmos 127:3 BLA

Mi madre me dijo: "Si te haces soldado, llegarás a ser general; si te haces monje, llegarás a ser el papa". En cambio, me hice pintor, y terminé siendo Picasso.

Pablo Picasso

(El amor) ...todo lo cree, todo lo espera, todo lo soporta.
I Corintios 13:7 BLA

Nuestros hijos observan cómo vivimos, y lo que somos grita más alto que lo que decimos.
Wilferd A. Peterson

Muéstrate en todo como ejemplo de buenas obras.
Tito 2:7a BLA

Bienaventurado es el niño ... que ve a
su padre y a su madre levantarse temprano
en la mañana, o apartarse con regularidad,
para estar con el Señor.
Larry Christenson

*Alégrese el corazón de los que buscan al Señor. Buscad al Señor
y su fortaleza; buscad su rostro continuamente.*
Salmo 105:3,4 BLA

Como padre, puedes hacer todas las cosas de manera ejemplar, pero si el amar a Dios no es lo primero, vas a fracasar.

Alvin Vander Griend

Jehová nuestro Dios, Jehová uno es. Y amarás a Jehová tu Dios de todo tu corazón, y de toda tu alma, y con todas tus fuerzas.

Deuteronomio 6:4,5 RV60

El rostro de mi madre era muy bello,
sin embargo su hermosura se hacía
mayor cuando sonreía, y parecía darle
vida a todo a su alrededor.

Leo Tolstoy

... porque la alegría del Señor es vuestra fortaleza.
Nehemías 8:10 BLA

Las oraciones diarias disminuirán tus preocupaciones.
Betty Mills

Tarde, mañana y mediodía me lamentaré
y gemiré, y Él oirá mi voz.
Salmo 55:17 BLA

La misericordia entre todas las virtudes,
es como la luna entre las estrellas...
Es la luz que permanece inmóvil sobre
el tribunal de justicia.
Edwin Hubbel Chapin

... la misericordia triunfa sobre el juicio.
Santiago 2:13 BLA

Nada tiene un efecto mayor sobre
los niños como el elogio.
Sir P. Sidney

*La ansiedad en el corazón del hombre lo deprime,
mas la buena palabra lo alegra.*

Proverbios 12:25 BLA

Una casa sin amor puede ser un castillo
o un palacio, pero nunca un hogar.
El amor es la vida de un verdadero hogar.
John Lubbock

*Mejor es un bocado seco y con él tranquilidad,
que una casa llena de banquetes con discordia.*

Proverbios 17:1 BLA

Muchos son los hombres que han permanecido en el buen camino porque su mamá dobló las rodillas.

Glen Wheeler

La oración eficaz del justo puede lograr mucho.
Santiago 5:16 BLA

Mientras más se percata un niño de
la disposición de su mamá por escuchar,
más comenzará a escuchar la mamá.

Oirá el sabio, y aumentará el saber,
y el entendido adquirirá consejo.

Proverbios 1:5 RV60

Recuerdo que cuando salí del hospital ... pensé: "Pero, ¿de verdad que me van a permitir llevármelo? ¡Yo no sé ni un pepino sobre cómo cuidar un bebé!

Anne Tyler

Y si alguno de vosotros tiene falta de sabiduría, pídala a Dios, el cual da a todos abundantemente y sin reproche, y le será dada.

Santiago 1:5 RV60

Un abrigo es una pieza de ropa que usa un niño cuando su mamá siente frío.

Barbara Johnson

No tiene temor de la nieve por su familia, porque toda su familia está vestida de ropas dobles.

Proverbios 31:21 RV60

Tomarle las huellas digitales a los niños
es una buena idea. Por fin podremos
saber quién usó la toalla en
el baño de huéspedes.

Autor desconocido

Examinadlo todo, pero retened lo bueno.
I Tesalonicenses 5:21 RV60

Cualquier mamá podría desempeñar el trabajo de varios directores de tráfico aéreo... con facilidad.

Lisa Alther

Ella vigila la marcha de su casa,
y no come el pan de la ociosidad.

Proverbios 31:27 BLA

Los padres deben hacer entender a sus hijos
la idea de que: "Te amo en todo momento,
pero a veces no amo tu comportamiento.

Amy Vanderbilt

*Yo reprendo y disciplino a todos los que amo;
sé, pues, celoso y arrepiéntete.*

Apocalipsis 3:19 BLA

Siempre debes ser honesto con tu hijo.
Nadie identifica a un farsante con
mayor rapidez como lo hace un niño.
M. MacCracken

Deseando conducirnos honradamente en todo.
Hebreos 13:18 BLA

Como padres, nunca estamos en una posición
más elevada que cuando nos inclinamos
para ayudar a nuestros hijos.
Doctor Anthony P. Witham

Sean humildes; tengan siempre a los demás por mejores que ustedes.
Cada uno interésese no sólo en lo suyo sino también en lo de los
demás. Jesucristo nos dio en cuanto a esto un buen ejemplo.

Filipenses 2:3b-5 LBAD

Una buena carcajada es como la luz del sol que brilla en un hogar.

Thackeray

La luz de los ojos (de aquel en cuyo corazón hay gozo) alegra el corazón.

Proverbios 15:30 BLA

Cada demostración de cariño expresa
con claridad y a viva voz:
"Yo te amo. Dios te ama.
Me intereso por ti.
Dios se interesa por ti".
Joyce Heinrich y Annette LaPlaca

*Amados, amémonos unos a otros, porque el amor es de Dios,
y todo el que ama es nacido de Dios ... porque Dios es amor.*

I Juan 4:7,8 BLA

Los niños tiene más necesidad
de modelos que de críticos.

Joseph Joubert

*Sé ejemplo de los fieles en la forma en que enseñas y vives,
en el amor y en la pureza de tus pensamientos.*

I Timoteo 4:12 LBAD

Es mejor que los niños desempeñen sus deberes
siendo guiados por el honor y la bondad,
que ser guiados por el temor.

Terence

*No provoquéis a ira a vuestros hijos -ni lo exasperes hasta
el resentimiento- sino criadlos (cariñosamente) en
la disciplina e instrucción del Señor.*

Efesios 6:4 BLA

Ánimo, es el arte de "estimular a tus hijos", ayudándolos a que hagan las cosas por sí mismos, y no haciendo las cosas por ellos.
Doctor William Mitchell y Doctor Charles Paul Conn

Y enséñales los estatutos y las leyes, y hazles saber el camino en que deben andar y la obra que han de realizar.

Éxodo 18:20 BLA

Hogar, dulce hogar: donde cada uno vive para el otro, y todos viven para Dios.

T.J. Bach

Porque ninguno de nosotros vive para sí mismo, y ninguno muere para sí mismo; pues si vivimos, para el Señor vivimos, y si morimos, para el Señor morimos; por tanto, ya sea que vivamos o que muramos, del Señor somos.

Romanos 14:7,8 BLA

Los niños nunca han sido muy diestros en materia de escuchar a los adultos, pero nunca han tenido problemas a la hora de imitarlos.

James Baldwin

...como sabéis qué clase de personas demostramos ser entre vosotros por amor a vosotros. Y vosotros vinisteis a ser imitadores de nosotros...

I Tesalonicenses 1:5,6 BLA

Un bebé, es la opinión de Dios de que el mundo debe continuar.

Carl Sandburg

*Y los bendijo Dios, y les dijo: Fructificad y multiplicaos;
llenad la tierra, y sojuzgadla...*

Génesis 1:28 RV60

$\mathbb{S}$er mamá... es una posición tan maravillosa, que
no hay un solo ángel en el cielo que no esté dispuesto
a dar con gusto una canasta llena de diamantes,
con tal de bajar aquí y tomar su lugar.
Billy Sunday

*Y entrando el ángel en donde ella estaba, dijo: ¡Salve, muy
favorecida! El Señor es contigo; bendita tú entre las mujeres.*

Lucas 1:28 RV60

He sostenido muchas cosas entre mis manos
y las he perdido todas; pero aquellas cosas
que he colocado en las manos de Dios,
estas siempre las poseo.

Earline Steelburg

*...porque yo sé a quién he creído, y estoy seguro que es poderoso
para guardar mi depósito para aquel día.*

2 Timoteo 1:12 RV60

U na mamá es aquella que siempre está presente, cuando todos los demás te han abandonado.

Anónimo

El que ama es fiel a ese amor, cuéstele lo que le cueste.

I Corintios 13:7 LBAD

Ｎo hay desperdicio en las buenas acciones;
el que siembra cortesía, cosecha amistad,
y el que planta bondad, recoge amor.

San Basilio

... pues todo lo que el hombre sembrare, eso también segará.
No nos cansemos, pues, de hacer bien; porque a su tiempo
segaremos, si no desmayamos.

Gálatas 6:7,9 RV60

Cada palabra y acción de un padre es como
una fibra que es tejida en el carácter del niño,
la cual será un factor determinante en cómo
ese niño encaja en toda la estructura
de la sociedad.

David Wilkerson

*Porque vamos a ser juzgados en cuanto a si hemos hecho
o no lo que Cristo quiere que hagamos. Así que
¡cuidado con lo que hacemos y pensamos!*

Santiago 2:12 LBAD

Cuando las personas me preguntan en qué me desempeño, siempre les digo que primero que todo, soy mamá.

Jacqueline Jackson

*Muchas mujeres han obrado con nobleza,
pero tú las superas a todas.*

Proverbios 31:29 BLA

Pienso que rescatar a un pequeño niño, y ayudarlo en su desarrollo hasta que madure, es mejor negocio que estar como holgazán alrededor del trono.

John Hay

El fruto del justo es árbol de vida,
y el que gana almas es sabio.

Proverbios 11:30 BLA

La paciencia de una madre es como un tubo de pasta dental -nunca se acaba por completo.

Autor desconocido

Fortalecidos con todo poder según la potencia de su gloria, para obtener toda perseverancia y paciencia.

Colosenses 1:11 BLA

La escuela le enseña a los niños cómo leer, pero el ambiente del hogar debe enseñarles qué deben leer. La escuela les puede enseñar cómo pensar, pero el hogar les debe enseñar en qué creer.

Charles A. Wells

Enseña al niño el camino en que debe andar, y aún cuando sea viejo no se apartará de él.

Proverbios 22:6 BLA

Piensa en el sacrificio que tuvo que hacer
tu madre para que pudieras vivir. Piensa
en el sacrificio que tuvo que hacer Dios
para que tú y tu madre pudieran vivir.

Glen Wheeler

*En esto consiste el amor: no en que nosotros hayamos amado
a Dios, sino en que El nos amó a nosotros, y envió a su Hijo
como propiciación por nuestros pecados.*

I Juan 4:10 BLA

Las palabras bondadosas pueden ser cortas
y fáciles de expresar, pero el eco que
emiten es verdaderamente sin fin.

Madre Teresa

*Abre su boca con sabiduría, y hay enseñanza de bondad
en su lengua (dando consejo e instrucción).*

Proverbios 31:26 BLA

Dios te ha permitido tener un hijo para que al mirarlo, de vez en cuando te acuerdes de sus bondades, y que sirva como estímulo para que lo adores con reverencia filial.

Christian Scriver

Mirad cuán gran amor nos ha otorgado el Padre, para que seamos llamados hijos de Dios -piensa en esto- y eso somos!

I Juan 3:1 BLA

T us hijos aprenden más sobre tu fe durante
los tiempos difíciles, que durante
los tiempos de bonanza.

Beverly LaHaye

***Tened por sumo gozo, hermanos míos,
el que os halléis en diversas pruebas.***

Santiago 1:2 BLA

La mujer que se enfrenta victoriosa a la difícil etapa de los dos años de edad de sus hijos, puede enfrentarse a cualquier cosa.

Judity Clabes

El Señor está a mi favor, no temeré.
¿Qué puede hacerme el hombre?

Salmo 118:6 BLA

La paternidad es una asociación con Dios... uno colabora con el Creador del universo en la formación del carácter humano y en la determinación del destino.

Ruth Vaughn

Porque nosotros somos colaboradores de Dios...
I Corintios 3:9 BLA

¿Quién corría hacia mí cuando caía, y una hermosa historia me decía, o quién me besaba allí donde dolía?
Mi madre
Ann Taylor

Como aquel a quien consuela su madre, así os consolaré yo a vosotros...
Isaías 66:13 RV60

Recuerda, cuando a tu hijo le dé una rabieta,
que no te dé una de las tuyas también.
Doctor J. Kuriansky

Todo aquel que lucha, de todo se abstiene...
I Corintios 9:25a RV60

La única cosa que los niños gastan
más rápido que los zapatos,
son los padres y los maestros.

*El da esfuerzo al cansado, y multiplica las fuerzas
al que no tiene ningunas.*

Isaías 40:29 RV60

Un pequeño de ocho años de edad ofreció esta profunda definición sobre lo que es la paternidad: "Los padres no son otra cosa más que los niñeros de Dios.

Glen Wheeler

Por este niño oraba, y Jehová me dio lo que le pedí. Yo, pues, lo dedico también a Jehová; todos los días que viva, será de Jehová.

I Samuel 1:27,28 RV60

Mi madre era la fuente de la cual obtuve los principios que me guiaron a través de la vida.

Juan Wesley

Sed imitadores de mí, así como yo de Cristo.
I Corintios 11:1 RV60

SECCIÓN DE CITAS HUMORÍSTICAS

El corazón alegre constituye buen remedio...
Proverbios 17:22 RV60

Todo tiene su tiempo:
Tiempo de reír...
Eclesiastés 3:1,4 RV60

Nunca le prestes el auto a nadie
que haya dado a luz.
Erma Bombeck

El corazón alegre constituye buen remedio...
Proverbios 17:22

La paternidad: Ese estado bajo el cual te
sientes que como pareja, eres más vigilado
y acompañado que antes de casarte.

Madeline Cox

Todo tiene su tiempo: Tiempo de reír...
Eclesiastés 3:1,4 RV60

La mejor manera de mantener a los hijos en casa es creando un buen ambiente en el hogar –y sacándole el aire a las llantas.

Dorothy Parker

El corazón alegre constituye buen remedio...
Proverbios 17:22 RV60

Una mamá por fin aprende lo que significa
"de tal palo tal astilla" cuando al darle de comer
cereal a su bebé, éste se lo escupe en la cara.

Imogene Fey

Todo tiene su tiempo: Tiempo de reír...
Eclesiastés 3:1,4

Muchos son los padres que empacan sus problemas y los envían al campamento de verano.

Raymond Duncan

El corazón alegre constituye buen remedio...
Proverbios 17:22

La educación para adultos es algo
que continuará, siempre que a los niños
se les asignen tareas escolares.

Autor desconocido

Todo tiene su tiempo: Tiempo de reír
Eclesiastés 3:1,4

Dice un pequeño niño: "Cuando hago ruido me dan nalgadas... y si estoy tranquilo me toman la temperatura".

Coronet

El corazón alegre constituye buen remedio...
Proverbios 17:22

Los padres de los adolescentes y los padres
de los infantes tienen algo en común:
Ambos pasan bastante tiempo tratando
de hacer hablar a sus hijos.

Paul Sweets

Todo tiene su tiempo: Tiempo de reír...
Eclesiastés 3:1,4

Las personas que dicen que duermen
como un bebé, por regla general
no tienen hijos.

Leo J. Burke

El corazón alegre constituye buen remedio...
Proverbios 17:22

Un ejemplo perfecto de lo que significa
ser gobernado por la minoría es,
un bebé en la casa.

Milwaukee Journal

Todo tiene su tiempo: Tiempo de reír...
Eclesiastés 3:1,4

Si la evolución verdaderamente funciona, entonces ¿por qué las madres sólo tienen dos manos?

Ed Dussault

El corazón alegre constituye buen remedio...

Proverbios 17:22

El mejor momento para dar consejos a tus hijos
es cuando éstos son lo suficientemente
pequeños como para creer que tú sabes
de qué estás hablando.

Autor desconocido

Todo tiene su tiempo: Tiempo de reír...
Eclesiastés 3:1,4

Nunca le preguntes a tu hijo qué es lo que desea comer durante la cena, excepto cuando es él quien corre con la cuenta.

Fran Lebowitz

El corazón alegre constituye buen remedio...
Proverbios 17:22

Los hijos son de gran consuelo durante nuestros años de vejez -y también nos ayudan a envejecer con bastante rapidez.

Lionel M. Kaufman

Todo tiene su tiempo: Tiempo de reír...
Eclesiastés 3:1,4

La manera más rápida que puede usar
un padre para conseguir la atención de
su hijo es sentarse y parecer
estar cómodo.

Lane Olinhouse

El corazón alegre constituye buen remedio...
Proverbios 17:22

Verdaderamente los niños hacen que se ilumine el hogar. ¿Alguna vez has visto algún niño menor de doce años de edad apagar tan siquiera una sola luz?

Autor desconocido

Todo tiene su tiempo: Tiempo de reír...
Eclesiastés 3:1,4

El hombre ejerce su voluntad
–pero la mujer se sale con las suyas.
Oliver Wendell Holmes

El corazón alegre constituye buen remedio...
Proverbios 17:22

Un alimento no es necesariamente esencial sólo porque tu hijo lo detesta.

Katherine Whitehouse

Todo tiene su tiempo: Tiempo de reír...
Eclesiastés 3:1,4

Limpiar la casa mientras los niños están en crecimiento, es como palear la nieve en la acera antes que cese de nevar.

Phyllis Diller

El corazón alegre constituye buen remedio...
Proverbios 17:22

A menudo son los niños la causa de que
el matrimonio permanezca unido
—al mantener a los padres tan ocupados que
éstos no tienen tiempo para discutir.

The Saturday Evening Post

Todo tiene su tiempo: Tiempo de reír...
Eclesiastés 3:1,4

Un bebé es un ángel cuyas alas van menguando a la vez que incrementan sus piernas.

El corazón alegre constituye buen remedio...
Proverbios 17:22

El papel de una madre que vive en los suburbios
es, dar a luz por primera vez con la ayuda
de un obstetra, y en un auto desde
ese momento en adelante.

Peter Devries

Todo tiene su tiempo: Tiempo de reír...
Eclesiastés 3:1,4

Cada vez que a un niño se le puede ver
sin tener que escucharlo, es una lástima
tener que despertarlo.

Autor desconocido

El corazón alegre constituye buen remedio...
Proverbios 17:22

Insomnio: enfermedad contagiosa a menudo transmitida a los padres por los bebes.
Shannon Fife

Todo tiene su tiempo: Tiempo de reír...
Eclesiastés 3:1,4

La familiaridad (intimidad) produce desprecio –también produce hijos.
Mark Twain

El corazón alegre constituye buen remedio...
Proverbios 17:22